COLLECTION CARRÉS À CROQUER

Gourmandises new-yorkaises

Brownies, cookies, cheesecakes…

Recettes et photos de Sylvie Aït-Ali
www.amusesbouche.fr

EDITIONS ESI
60, rue Vitruve, 75020 Paris

Imprimé en France par POLLINA – Luçon - L60402
© Éditions ESI – Dépôt légal : avril 2012 – Achevé d'imprimer : mars 2012
ISBN : 978-2-35355-932-9 – N° Sofédis : S488243

sommaire

Apple pie

Préparation : 45 minutes · Repos : 1 heure · Cuisson : 1 heure
Difficulté : ★★ Budget : ★

Pour 6 personnes

- 1 kg de pommes
- 30 g de beurre
- 2 sachets de sucre vanillé
- Cannelle en poudre
- 1 jaune d'œuf

Pour la pâte sablée

- 280 g de farine
- 110 g de sucre
- 1 sachet de sucre vanillé
- 40 g de poudre d'amandes
- 150 g de beurre
- 1 œuf
- Sel

Épluchez et coupez les pommes en gros quartiers. Faites-les revenir dans le beurre, ajoutez le sucre vanillé et une pincée de cannelle. Laissez cuire à couvert sur feu doux 15 minutes. Laissez refroidir.

Versez dans un saladier la farine, les sucres, la poudre d'amandes et une pincée de sel. Formez un puits et placez au centre le beurre tempéré coupé en dés. Mélangez le tout entre vos mains pour obtenir un sable grossier.

Ajoutez l'œuf battu en omelette et pétrissez jusqu'à réunir la pâte en une boule. Si la pâte reste trop friable, ajoutez un peu d'eau, 1 ou 2 cuil. à soupe. Enveloppez la pâte dans du film alimentaire et laissez-la reposer au frais 1 heure.

Préchauffez le four à 180 °C (th. 6). Placez la moitié de la pâte sur un plan de travail fariné et étalez-la à l'aide d'un rouleau, lui aussi fariné. Placez la pâte dans un moule à pie beurré et fariné. Piquez le fond avec une fourchette puis remplissez de pomme.

Étalez la seconde moitié de pâte et placez-la sur les pommes. Soudez les 2 pâtes entre elles, badigeonnez de jaune d'œuf dilué avec un peu d'eau et pratiquez des petites incisions au centre. Mettez au four pendant 45 minutes.

1er

Banana bread

Préparation : 25 minutes · Cuisson : 45 minutes · Difficulté : ★ Budget : ★

Pour 6 personnes

- 50 g de cerneaux de noix de pécan
- 3 bananes bien mûres
- 80 g de beurre
- 100 g de sucre roux
- 2 œufs
- 220 g de farine
- ½ sachet de levure chimique
- Sel

Préchauffez le four à 180 °C (th. 6).

Placez les noix de pécan sur une planche et hachez-les grossièrement au couteau.

Épluchez les bananes et écrasez-les à la fourchette. Ajoutez le beurre tempéré, le sucre et fouettez l'ensemble. Ajoutez les œufs un à un.

Mélangez la farine, la levure et une pincée de sel. Ajoutez-les dans les bananes, puis mettez-y les noix de pécan hachées.

Beurrez le moule à cake et versez la pâte. Enfournez pour 45 minutes. Contrôlez la cuisson à l'aide de la pointe d'un couteau.

Laissez refroidir une dizaine de minutes avant de démouler.

Banana cream pie

Préparation : 1 heure · Cuisson : 35 minutes · Repos : 2 heures · Difficulté : ★ Budget : ★

Pour 8 personnes

Pour la pâte sablée
- 200 g de farine
- 80 g de sucre
- 1 sachet de sucre vanillé
- 30 g de poudre d'amandes
- 120 g de beurre
- 1 œuf
- Sel

Pour la garniture
- 70 g de farine
- 40 cl de lait
- 160 g de sucre
- 1 sachet de sucre vanillé
- 3 jaunes d'œufs
- 60 g de beurre
- 4 bananes

Pour la chantilly
- 30 cl de crème liquide entière
- 2 cuil. à soupe de sucre glace

Versez dans un saladier la farine, les sucres, la poudre d'amandes et une pincée de sel, formez un puits et placez au centre le beurre tempéré coupé en dés. Mélangez le tout entre vos mains pour obtenir un sable grossier. Ajoutez l'œuf battu en omelette et pétrissez jusqu'à réunir la pâte en une boule. Si la pâte reste trop friable, ajoutez un peu d'eau, 1 ou 2 cuil. à soupe. Enveloppez la pâte dans du film alimentaire et laissez-la reposer au frais 1 heure.

Préchauffez le four à 180 °C (th. 6). Placez la pâte sur un plan de travail fariné et étalez-la à l'aide d'un rouleau, lui aussi fariné. Placez la pâte dans un moule beurré et fariné. Piquez le fond avec une fourchette, placez une feuille de cuisson et remplissez de légumes secs. Mettez à cuire pour 15 minutes. Retirez les légumes secs et poursuivez la cuisson 5 minutes. Laissez refroidir. Diluez la farine avec une petite quantité de lait puis versez ce mélange dans le restant de lait. Ajoutez les sucres et mettez à épaissir à feu moyen, en mélangeant constamment, jusqu'aux premiers bouillons. Retirez du feu, ajoutez les jaunes d'œufs et fouettez énergiquement. Replacez sur le feu et poursuivez la cuisson 5 minutes.

Hors du feu, ajoutez le beurre et mélangez jusqu'à obtenir une crème lisse et homogène. Laissez tiédir. Coupez les bananes et placez-les sur le fond de tarte. Recouvrez de crème, lissez la surface et placez au frais 1 heure. Fouettez la crème liquide bien froide en chantilly avec le sucre glace et nappez-en la tarte à la banane avant de servir.

Blondies

Préparation : 20 minutes · Cuisson : 35 minutes · Difficulté : ★ Budget : ★

Pour 6 personnes

- 80 g de noix de pécan
- 125 g de beurre
- 180 g de cassonade
- 2 sachets de sucre vanillé
- 1 œuf
- 180 g de farine
- ½ cuil. à café de levure chimique
- Bicarbonate de soude
- Sel

Torréfiez les noix de pécan 5 minutes dans un four à 180 °C (th. 6).

Fouettez le beurre tempéré avec la cassonade et le sucre vanillé, puis ajoutez l'œuf. Incorporez la farine mélangée avec la levure, une pincée de bicarbonate et de sel. Ajoutez les noix de pécan puis versez la pâte dans un moule carré de 18 cm de côté. Lissez la surface puis mettez au four pour 30 minutes.

À la sortie du four, laissez refroidir puis démoulez, coupez des carrés et régalez-vous.

Brownies

Préparation : 15 minutes · Cuisson : 25 minutes · Difficulté : ★ Budget : ★

Pour 8 personnes

- 300 g de chocolat noir
- 200 g de beurre
- 175 g de sucre
- 4 œufs
- 80 g de farine
- 100 g de noix de pécan

Préchauffez le four à 180 °C (th. 6).

Faites fondre le chocolat et le beurre au bain-marie ou au four à micro-ondes. Ajoutez le sucre puis les œufs un à un battus en omelette. Finissez par la farine tamisée et les noix de pécan grossièrement hachées.

Versez la pâte dans un moule carré de 20 cm de côté, recouvert de papier sulfurisé. Mettez au four pour 20 minutes.

À la sortie du four, attendez 15 minutes puis démoulez et laissez refroidir sur une grille avant de le découper en parts.

Cake pops

Préparation : 1 heure · Cuisson : 35 minutes · Difficulté : ★★ Budget : ★

Pour 8 personnes

Pour la base
- 100 g de beurre
- 70 g de sucre
- 1 sachet de sucre vanillé
- 2 œufs
- 100 g de farine
- ½ cuil. à café de levure chimique
- 100 g de pâte de spéculoos
- Sel

Pour le décor
- 300 g de chocolat noir de couverture
- Perles de sucre, vermicelles en chocolat et petits décors en sucre

Préchauffez le four à 180 °C (th. 6).

Fouettez le beurre avec les sucres, ajoutez les œufs puis la farine, la levure et une pincée de sel. Mélangez bien puis versez la pâte dans un petit moule à cake. Mettez au four 30 minutes. Laissez refroidir sur une grille.

Coupez le gâteau en morceaux et réduisez-le en miettes en le plaçant dans un robot mixeur. Ajoutez la pâte de spéculoos et mélangez jusqu'à former une boule de pâte. Si la pâte est encore trop friable, ajoutez un peu de crème épaisse ou du mascarpone.

Formez des boules de pâte bien rondes. Placez-les sur un plat et mettez-les au congélateur 1 heure.

Mettez le chocolat à fondre au bain-marie. Lorsqu'il est totalement fondu et bien lisse, sortez les boules de pâte, placez-les sur des bâtons à sucette puis trempez-les dans le chocolat et décorez-les tout de suite avant que le chocolat ne fige.

Faites-les sécher plantées dans un bloc de polystyrène, puis réservez au frais.

Carrot cake

Préparation : 30 minutes · Cuisson : 42 minutes · Difficulté : ★ Budget : ★

Pour 6 personnes

- 240 g de carottes
- 3 œufs
- 130 g de sucre roux
- 200 g de farine
- 1 cuil. à café de levure chimique
- ½ cuil. à café de bicarbonate de soude
- 100 g de beurre
- 1 cuil. à café de cannelle en poudre
- 100 g de noix de pécan
- Sel

Pour le glaçage

- 50 g de beurre
- 100 g de sucre glace
- 100 g de fromage frais Philadelphia®

Préchauffez le four à 180 °C (th. 6).

Lavez, épluchez et râpez les carottes, vous devez obtenir 200 g de carottes râpées.

Fouettez les œufs avec le sucre. Ajoutez la farine mélangée avec la levure, le bicarbonate et une pincée de sel. Incorporez le beurre fondu, les carottes râpées, la cannelle et les noix de pécan hachées grossièrement.

Versez la préparation dans un moule à manqué beurré et fariné et mettez au four 45 minutes. Contrôlez la cuisson en piquant le centre du gâteau avec un couteau. Laissez refroidir sur une grille.

Pour le glaçage, fouettez le beurre et ajoutez le sucre glace petit à petit puis incorporez le fromage frais. Lorsque la crème est homogène et onctueuse, nappez le gâteau puis réservez au frais.

Cheesecake new-yorkais

Préparation : 20 minutes · Repos : 30 minutes + 1 nuit · Cuisson : 52 minutes
Difficulté : ★ Budget : ★

Pour 8 personnes

Pour le biscuit

- 150 g de petits-beurre
- 50 g de beurre

Pour le cheesecake

- 600 g de fromage frais Philadelphia®
- 20 cl de crème fraîche épaisse
- 120 g de sucre
- 1 cuil. à soupe de vanille liquide
- 4 œufs

Préchauffez le four à 150 °C (th. 5).

Réduisez les biscuits en poudre avec un robot mixeur. Faites fondre le beurre au micro-ondes et ajoutez-le aux biscuits. Mélangez puis versez le tout dans un moule à charnière de 20 cm de diamètre avec une feuille de papier sulfurisé dans le fond. À l'aide d'une cuillère à soupe, tassez dans le fond. Placez au frais 30 minutes.

Fouettez le fromage frais avec la crème, le sucre et la vanille puis ajoutez un à un les œufs en mélangeant bien entre deux. Versez cette crème dans le moule graissé et lissez la surface.

Mettez au four pour 50 minutes puis éteignez-le et laissez-y refroidir le cheesecake, puis placez une nuit au frais avant de démouler.

Conseil : servez accompagné d'une compotée de fruits rouges, de lemon curd ou de sauce caramel.

Chiffon cake

Préparation : 30 minutes · Cuisson : 45 minutes · Difficulté : ★ Budget : ★

Pour 6 personnes

Pour le gâteau
- 4 œufs
- 180 g de farine
- 200 g de sucre
- 1 cuil. à café de levure chimique
- 120 g d'huile de tournesol
- 15 cl de lait
- 1 cuil. à café d'extrait de vanille liquide
- Sel

Pour la crème au beurre
- 80 g de beurre mou
- 160 g de sucre glace
- ½ cuil. à café d'extrait de vanille
- 1 cuil. à soupe de lait

- 2 cuil. à soupe de confiture de fraises

Préchauffez le four à 160 °C (th. 5-6). Séparez les blancs des jaunes d'œufs.

Mélangez la farine, la moitié du sucre, la levure et une pincée de sel. Fouettez l'huile avec le lait, les jaunes d'œufs et la vanille. Incorporez petit à petit les ingrédients secs, fouettez jusqu'à l'obtention d'une pâte homogène.

Battez les blancs d'œufs en neige. Lorsqu'ils commencent à être fermes, ajoutez le sucre restant et serrez-les. Incorporez-les délicatement à la pâte. Remplissez un moule beurré et fariné puis mettez au four pendant 45 minutes. Laissez ensuite le gâteau refroidir sur une grille.

Préparez la crème au beurre : travaillez le beurre en pommade en ajoutant petit à petit le sucre glace. Ajoutez l'extrait de vanille avec le lait. Fouettez jusqu'à l'obtention d'une crème onctueuse.

Coupez le gâteau en deux. Étalez sur un côté la crème au beurre et sur l'autre la confiture. Replacez le dessus du gâteau sur sa base et réservez au frais.

Servez à l'heure du goûter accompagné d'un café ou d'un thé.

Chocolat cookies

Préparation : 20 minutes · Repos : 30 minutes · Cuisson : 17 minutes
Difficulté : ★ Budget : ★

Pour 6 personnes

- 60 g de noix de pécan
- 100 g de chocolat noir
- 70 g de beurre
- 1 œuf
- 100 g de sucre
- 140 g de farine
- ½ cuil. à café de levure chimique
- ½ cuil. à café de bicarbonate de soude
- Sel

Torréfiez les noix de pécan pendant 5 minutes à 200 °C (th. 6-7) en les surveillant. Puis sortez-les et baissez la température du four à 180 °C (th. 6). Une fois les noix refroidies, hachez-les grossièrement.

Faites fondre le chocolat avec le beurre au micro-ondes. Laissez tiédir et ajoutez l'œuf battu en omelette, puis le sucre, et enfin la farine mélangée à la levure, au bicarbonate et à une pincée de sel. Mélangez jusqu'à l'obtention d'une pâte homogène.

Incorporez les noix de pécan et placez au frais 30 minutes.

Formez des boules de pâte, placez-les sur une plaque de cuisson recouverte de papier sulfurisé. Espacez-les bien car elles vont s'étaler à la cuisson. Inutile de les écraser.

Mettez au four pour 10 minutes. Laissez refroidir sur la plaque puis conservez-les dans une boîte en métal.

Chocolate chip pan cookie

Préparation : 15 minutes · Cuisson : 22 minutes · Difficulté : ★ Budget : ★

Pour 6 personnes

- 220 g de farine
- 2 cuil. à soupe de chocolat en poudre
- ⅓ cuil. à café de bicarbonate de soude
- 125 g de beurre
- 140 g de sucre roux
- 1 œuf
- 70 g de pépites de chocolat (au lait)
- Sel

Préchauffez le four à 180 °C (th. 6).

Dans un bol, mélangez la farine, le chocolat en poudre, le bicarbonate de soude et une pincée de sel.

Dans un moule à tourte ou dans une poêle qui peut passer au four, mettez le beurre à fondre sur le feu puis ajoutez le sucre.

Hors du feu, ajoutez l'œuf battu en omelette puis le mélange de farine et les pépites de chocolat au lait. Mélangez bien puis répartissez la pâte de façon régulière dans la poêle.

Mettez au four pour 20 minutes. Laissez refroidir avant de déguster.

K
V

Chocolate whoopies

Préparation : 40 minutes · Cuisson : 17 minutes · Difficulté : ★ Budget : ★

Pour 8 personnes

- 40 g de chocolat
- 75 g de beurre
- 80 g de sucre
- 1 œuf
- 110 g de farine
- ½ cuil. à café de levure chimique
- 15 g de cacao en poudre
- 5 cl de lait
- Sel

Pour la crème

- 100 g de beurre
- 150 g de sucre glace
- 2 cuil. à soupe de mascarpone
- 1 cuil. à café d'extrait de vanille liquide

Préchauffez le four à 180 °C (th. 6).

Faites fondre le chocolat au bain-marie.

Fouettez le beurre tempéré avec le sucre puis ajoutez l'œuf. Ajoutez le chocolat fondu. Incorporez ensuite la farine mélangée à la levure, le cacao, une pincée de sel puis le lait.

À l'aide d'une poche à douille, formez des petits tas de pâte sur une plaque de cuisson recouverte de papier de cuisson puis mettez à cuire pour 15 minutes. Laisser refroidir avant de retirer de la plaque.

Préparez la crème : travaillez le beurre en pommade puis ajoutez petit à petit, tout en fouettant, le sucre glace jusqu'à ce que la crème blanchisse et devienne onctueuse. Ajoutez le mascarpone, l'extrait de vanille et battez jusqu'à l'obtention d'une crème homogène.

Remplissez une poche munie d'une douille lisse et déposez une noix de crème entre 2 palets. Réservez au frais.

I ♥
NY

Chocolates cupcakes

Préparation : 30 minutes · Cuisson : 20 minutes · Difficulté : ★ Budget : ★

Pour 6 personnes

- 60 g de beurre
- 120 g de sucre
- 1 œuf
- 150 g de farine
- ½ cuil. à café de levure chimique
- 2 cuil. à soupe de cacao en poudre
- 6 cl de lait

Pour la crème

- 60 g de beurre
- 120 g de sucre glace
- 2 cuil. à soupe de cacao en poudre
- 2 cuil. à soupe de crème fraîche épaisse
- 2 cuil. à soupe de vermicelles en chocolat

Préchauffez le four à 180 °C (th. 6).

Travaillez le beurre en pommade avec le sucre jusqu'à l'obtention d'un mélange onctueux. Ajoutez l'œuf puis la farine mélangée à la levure et le cacao en alternance avec le lait, mélangez bien.

Remplissez aux deux tiers 6 moules à muffin garnis de caissettes en papier et mettez au four pour 20 minutes. Laissez refroidir sur une grille.

Pour la crème : travaillez le beurre en pommade puis ajoutez petit à petit le sucre glace et le cacao. Ajoutez la crème et battez jusqu'à l'obtention d'une crème homogène et onctueuse.

Garnissez les cupcakes de crème à l'aide d'une spatule puis décorez de vermicelles en chocolat. Laissez reposer au frais.

Cinnamon rolls

Préparation : 40 minutes · Repos : 2 h 30 · Cuisson : 27 minutes
Difficulté : ★★ Budget : ★

Pour 6 personnes

- 500 g de farine
- 25 cl de lait
- 1 œuf
- 60 g de sucre
- 2 sachets de levure boulangère déshydratée
- 1 cuil. à café de sel
- 100 g de beurre

Pour la garniture

- 50 g de beurre
- 100 g de sucre roux
- 2 cuil. à café de cannelle en poudre

Pour le glaçage

- 1 blanc d'œuf
- 125 g de sucre glace

Préchauffez le four à 180 °C (th. 6).

Mettez tous les ingrédients dans le bol d'un robot pâtissier, sauf le beurre, et pétrissez pendant 10 minutes. Ajoutez le beurre froid coupé en dés et poursuivez le pétrissage 10 minutes. La pâte se décolle du bol mais reste assez collante. Couvrez le bol et laissez reposer 1 h 30 afin que la pâte double de volume.

Versez la pâte sur un plan de travail fariné et étalez-la en un grand rectangle. Badigeonnez de beurre fondu la pâte puis répartissez le sucre roux mélangé à la cannelle. Roulez la pâte en un long boudin et découpez des tronçons. Déposez-les dans un plat carré ou rond en les espaçant bien car ils vont gonfler.

Laissez reposer le tout, recouvert d'un torchon, dans un endroit tempéré et à l'abri des courants d'air. La pâte doit doubler de volume, cela prend 1 heure environ.

Mettez au four pendant 20 à 25 minutes.

Laissez refroidir puis mélangez le blanc d'œuf et le sucre glace afin d'obtenir un glaçage un peu liquide. À l'aide d'une cuillère à café, versez le glaçage en filet sur les cinnamon rolls et laissez sécher.

Cookies

Préparation : 20 minutes · Cuisson : 25 minutes · Difficulté : ★ Budget : ★

Pour 6 personnes

- 120 g de beurre
- 200 g de sucre roux
- 1 œuf
- 2 cuil. à café d'extrait de vanille liquide
- 250 g de farine
- ½ cuil. à café de levure chimique
- ½ cuil. à café de bicarbonate de soude
- 100 g de pépites de chocolat
- Sel

Préchauffez le four à 140 °C (th. 4-5).

Mélangez le beurre et le sucre à la fourchette. Ajoutez l'œuf et l'extrait de vanille.

Mélangez la farine, la levure, le bicarbonate et une pincée de sel. Ajoutez le tout, ainsi que les pépites de chocolat, à la péparation précédente. Mélangez rapidement à l'aide d'une cuillère puis pétrissez légèrement.

Prélevez des morceaux de pâte et formez des boules entre vos mains. Déposez-les sur une plaque de cuisson recouverte de papier de cuisson. Espacez-les bien, car la pâte va s'étaler à la chaleur.

Mettez à cuire au four de 20 à 25 minutes. Ne les cuisez pas plus longtemps : ils sont tout mous à la sortie du four mais ils vont durcir en refroidissant.

Attendez 10 minutes avant de les décoller de la plaque. Puis conservez-les dans une boîte métallique.

Doughnuts

Préparation : 45 minutes · Repos : 2 heures · Cuisson : 5 minutes
Difficulté : ★★ Budget : ★

Pour 6 personnes

- 500 g de farine
- 20 g de levure fraîche
- 50 g de sucre
- 3 œufs
- 20 cl de lait
- 1 cuil. à café de sel
- 60 g de beurre

Pour le glaçage

- 2 blancs d'œufs
- 400 g de sucre glace
- 3 cuil. à soupe de perles de sucre

Diluez la levure avec 3 cuil. à soupe de lait tiède et une pincée de sucre, couvrez et laissez reposer 10 minutes.

Placez la farine dans le bol d'un robot pâtissier, puis ajoutez la levure et le restant des ingrédients sauf le beurre. Faites pétrir 10 minutes puis ajoutez le beurre coupé en dés et poursuivez le pétrissage 10 minutes. La pâte doit être homogène, souple mais toujours collante. Couvrez et laissez reposer 1 h 30 jusqu'à ce qu'elle double de volume.

Farinez légèrement le plan de travail et versez la pâte. Étalez-la au rouleau sur une épaisseur de 1 à 1,5 cm. Découpez à l'emporte-pièce des disques de 10 cm de diamètre puis découpez le centre avec un emporte-pièce de 3 cm de diamètre. Placez-les sur le plan de travail en les espaçant bien, couvrez-les et laissez reposer 30 minutes.

Faites chauffer l'huile à frire puis mettez les doughnuts à cuire 2 minutes sur chaque face. Égouttez les doughnuts sur du papier absorbant. Enrobez-les de sucre ou nappez-les de glaçage.

Pour le glaçage, mélangez 1 blanc d'œuf et le sucre glace puis ajoutez petit à petit le second blanc d'œuf afin d'obtenir un mélange ni trop épais ni trop liquide. Nappez les doughnuts et saupoudrez-les de perles de sucre.

Granola bars

Préparation : 20 minutes · Cuisson : 28 minutes · Difficulté : ★ Budget : ★★

Pour 6 personnes

- 20 g de noisettes
- 20 g d'amandes
- 20 g de noix de pécan
- 150 g de flocons d'avoine
- 40 canneberges déshydratées
- 60 g de beurre
- 30 g de sucre roux
- 50 g de sirop d'érable (golden syrup ou miel)

Placez les noisettes, les amandes et les noix de pécan sur une plaque de cuisson et torréfiez-les 6 minutes dans un four à 180 °C (th. 6) puis laissez refroidir. Baissez le four à 160 °C (th. 5-6) pour la suite de la préparation.

Hachez les fruits secs grossièrement, mélangez-les aux flocons d'avoine et aux canneberges séchées.

Faites fondre le beurre, ajoutez le sucre et le sirop d'érable. Versez le tout sur les céréales et mélangez.

Versez cette préparation dans un moule carré de 18 cm de côté beurré ou en silicone. Tassez bien. Mettez au four pour 20 minutes.

À la sortie du four, laissez tiédir puis démoulez sur une planche. Découpez en 6 barres et laissez refroidir complètement.

Lemon layer cake

Préparation : 2 heures · Cuisson : 40 minutes · Difficulté : ★★ Budget : ★

Pour 8 personnes

Pour le biscuit

- 250 g de beurre
- 220 g de sucre
- 4 œufs
- 300 g de farine
- 1 sachet de levure chimique
- Le zeste de 1 citron non traité
- 3 cuil. à soupe de jus de citron

Pour la crème

- 1 citron non traité
- 2 œufs
- 60 g de sucre
- 120 g de beurre

Pour le glaçage

- 100 g de beurre
- 200 g de sucre glace
- 160 g de fromage frais Philadelphia®
- 1 citron non traité

Préchauffez le four à 180 °C (th. 6). Fouettez le beurre tempéré avec le sucre. Quand le mélange blanchit, ajoutez les œufs un à un en continuant de fouetter. Ajoutez la farine mélangée avec la levure, puis le zeste et le jus de citron. Lorsque le mélange est homogène, versez-le dans un moule de 18 cm de diamètre beurré et fariné. Lissez la surface et mettez au four pour 30 minutes. À la sortie du four, attendez 10 minutes puis démoulez sur une grille et laissez refroidir.

Pour la crème de fourrage, prélevez le zeste du citron et son jus. Dans un saladier en inox, mettez le jus de citron, le zeste, les œufs, le sucre et mélangez bien au fouet. Ajoutez 50 g de beurre coupé en morceaux. Placez le saladier sur un bain-marie déjà chaud et faites épaissir la préparation sans jamais cesser de mélanger. Laissez refroidir puis ajoutez le restant de beurre tempéré et fouettez jusqu'à obtenir une crème onctueuse.

Coupez le gâteau en 3 ou 4 disques d'épaisseur égale. Étalez la crème au citron, entre chaque disque puis replacez-les les uns sur les autres. Réservez au frais.

Pour le glaçage, fouettez le beurre et ajoutez le sucre glace petit à petit puis incorporez le fromage frais, le zeste du citron et 2 cuil. à soupe de jus. Lorsque la crème est homogène et onctueuse, nappez le gâteau puis réservez au frais.

Milk shake chocolat

Préparation : 10 minutes · Difficulté : ★ Budget : ★

Pour 4 personnes

- 15 cl de crème liquide entière
- 2 cuil. à soupe de sucre glace
- 4 boules de glace au chocolat
- 60 cl de lait entier
- 2 cuil. à café de cacao en poudre
- ½ cuil. à café de cannelle en poudre

Battez la crème en chantilly avec le sucre glace. Remplissez une poche à douille et réservez au frais.

Placez la glace au chocolat et le lait bien froid dans un blender. Ajoutez le cacao et la cannelle puis mixez.

Remplissez 4 verres hauts et déposez la chantilly sur le dessus. Servez aussitôt.

Muffins aux myrtilles

Préparation : 20 minutes · Cuisson : 26 minutes · Difficulté : ★ Budget : ★★

Pour 6 personnes

- 100 g de beurre
- 100 g de sucre
- 1 œuf
- 30 cl de lait
- 250 g de farine
- 1 cuil. à café de levure chimique
- 150 g de myrtilles
- Sel

Préchauffez le four à 180 °C (th. 6).

Dans un saladier, battez le beurre tempéré avec le sucre. Ajoutez le jaune d'œuf, battez bien. Faites tiédir le lait. Ajoutez la farine, la levure et une pincée de sel au beurre. On obtient un mélange grossier sur lequel il faut verser petit à petit le lait tiède.

Montez le blanc d'œuf en neige et incorporez-le délicatement au mélange. Ajoutez les myrtilles et mélangez brièvement.

Versez la pâte dans des caissettes en papier placées dans des moules à muffin à mi-hauteur. Mettez au four pour 25 minutes.

À la sortie du four, laissez les muffins refroidir sur une grille.

Pancakes

Préparation : 15 minutes · Repos : 20 minutes · Cuisson : 30 minutes
Difficulté : ★ Budget : ★

Pour 6 personnes

- 2 œufs
- 35 cl de lait
- 30 g de sucre
- 300 g de farine
- 1 cuil. à café de levure chimique
- Beurre
- Sel

Séparez les blancs des jaunes d'œufs. Fouettez les jaunes d'œufs avec le lait, le sucre et une pincée de sel. Mélangez la farine et la levure puis ajoutez-la petit à petit en pluie fine tout en continuant de fouetter le lait.

Montez les blancs d'œufs en neige avec une pincée de sel et ajoutez-les délicatement au mélange précèdent. Laissez reposer 20 minutes.

Faites chauffer une poêle avec une noisette de beurre et, lorsqu'elle est bien chaude, versez la pâte (la valeur de 2 cuillères à soupe) par crêpe, la pâte va s'étaler légèrement. Laissez cuire 1 minute jusqu'à ce que des bulles se forment à la surface puis retournez-les. Laissez cuire encore 1 minute sur feu très doux. Renouvelez l'opération jusqu'à épuisement de la pâte.

Servez généreusement nappé de sirop d'érable.

Conseil : vous pouvez également utiliser une poêle à blinis.

Pécan pie

Préparation : 30 minutes · Cuisson : 42 minutes · Difficulté : ★ Budget : ★★

Pour 6 personnes

- 300 g de pâte sablée
- 60 g de beurre
- Farine
- 250 g de noix de pécan
- 150 g de sucre roux
- 120 g de sirop d'érable
- 3 œufs

Préchauffez le four à 180 °C (th. 6).

Étalez la pâte et chemisez un moule à tarte beurré et fariné ou 6 moules à tartelette. Piquez le fond avec une fourchette et placez au frais.

Hachez grossièrement 200 g de noix de pécan. Mettez le beurre à fondre puis ajoutez le sucre, le sirop d'érable et les œufs battus en omelette. Incorporez les noix de pécan hachées.

Versez cette préparation dans le fond de tarte puis placez les noix de pécan entières à la surface. Mettez au four pour 40 minutes ou 30 minutes pour les tartelettes.

Laissez refroidir complètement avant de démouler. Servez accompagné de chantilly.

Pop-corn

Préparation : 15 minutes · Cuisson : 10 minutes · Difficulté : ★★ Budget : ★

Pour 6 personnes

- 100 g de maïs à pop-corn
- 150 g de sucre
- 30 g de beurre salé

Dans une grande poêle avec couvercle, mettez le maïs à éclater sur feu vif. Secouez régulièrement la poêle pour faire éclater tous les grains de maïs.

Lorsque tout le maïs est éclaté, versez le sucre dans une sauteuse et mettez à chauffer jusqu'à ce qu'il devienne du caramel blond. Arrêtez la cuisson puis ajoutez le beurre et mélangez.

Ajoutez le maïs en une seule fois et mélangez rapidement pour enrober le maïs de caramel. Étalez le pop-corn sur une plaque de cuisson recouverte de papier de cuisson et laissez refroidir. Cassez ensuite les gros blocs et servez.

POPCORN
POPCORN

Pumpkin scones

Préparation : 20 minutes · Repos : 1 nuit + 2 heures · Cuisson : 45 minutes
Difficulté : ★ Budget : ★

Pour 4 personnes

- 200 g de potiron
- 30 g de beurre
- 2 cuil. à soupe de sucre
- 1 œuf
- 250 g de farine
- 1 cuil. à café de levure chimique
- ½ cuil. à café de cannelle en poudre
- 60 g de raisins secs
- Le zeste de 1 orange non traitée
- Lait
- Sel

La veille, mettez le potiron à cuire à la vapeur jusqu'à ce qu'il soit très tendre. Laissez égoutter une nuit.

Préchauffez le four à 180 °C (th. 6). Travaillez le beurre en pommade avec le sucre. Ajoutez l'œuf et 125 g de purée de potiron. Mélangez la farine, la levure, la cannelle, une pincée de sel et ajoutez au mélange. Incorporez les raisins secs et le zeste d'orange. Mélangez rapidement à la cuillère et, quand la masse se forme, travaillez-la très rapidement et très peu sur un plan fariné. Si la purée est un peu trop compacte, ajoutez 1 cuil. à soupe de lait.

Puis déposez-la sur une feuille de cuisson, saupoudrez d'un voile de farine puis étalez-la à la main en galette de 1,5 à 2 cm d'épaisseur. Laissez reposer 2 heures au réfrigérateur.

À l'aide d'un grand couteau, coupez la galette en 8 parts sans séparer les morceaux. Badigeonnez de lait à l'aide d'un pinceau. Mettez au four pour 25 minutes. À la sortie du four, laissez refroidir sur une grille. Servez accompagné de beurre et de confiture.

Conseil : vous pouvez ajouter à la pâte un peu de noix de pécan hachées.

Red berry crumble

Préparation : 30 minutes · Repos : 20 minutes · Cuisson : 30 minutes
Difficulté : ★★ Budget : ★

Pour 6 personnes

Pour la pâte à crumble

- 100 g de beurre
- 100 g de farine
- 100 g de sucre roux
- 2 sachets de sucre vanillé
- 100 g de poudre d'amandes

- 300 g de fruits rouges surgelés
- 40 g de sucre

Préchauffez le four à 180 °C (th. 6).

Travaillez le beurre en pommade à l'aide d'une fourchette, puis ajoutez la farine, les sucres et la poudre d'amandes. Commencez par mélanger à la fourchette puis, du bout des doigts, formez un sable grossier. Placez au frais 20 minutes.

Répartissez les fruits rouges dans un plat creux ou 6 plats individuels, saupoudrez-les de sucre puis couvrez de pâte à crumble. Placez au four 30 minutes. Le crumble doit être bien doré.

Vous pouvez servir tiède ou froid accompagné de chantilly ou de crème glacée à la vanille.

Rice Krispies® cookie

Préparation : 20 minutes · Cuisson : 12 minutes · Difficulté : ★ Budget : ★

Pour 6 personnes

- 110 g de beurre
- 110 g de sucre
- 1 sachet de sucre vanillé
- 1 œuf
- 160 g de farine
- ½ sachet de levure chimique
- 50 g de céréales (Rice Krispies®)
- 80 g de pépites de chocolat
- Sel

Préchauffez le four à 180 °C (th. 6).

Dans un saladier, fouettez le beurre avec le sucre et le sucre vanillé puis ajoutez l'œuf.

Incorporez la farine mélangée à la levure et une pincée de sel. Ajoutez les céréales et les pépites de chocolat. Mélangez bien le tout à la main.

Façonnez des boules de pâte et déposez-les sur une plaque de cuisson recouverte de papier sulfurisé. Espacez-les bien car ils vont s'étaler à la cuisson. Mettez au four pour 10 à 12 minutes.

Laissez refroidir totalement avant de les retirer de la plaque. Conservez-les dans une boîte métallique.

S'mores

Préparation : 40 minutes · Cuisson : 15 minutes · Difficulté : ★ Budget : ★

Pour 6 personnes

Pour les crackers

- 75 g de farine
- 60 g de farine complète
- 30 g de sucre roux
- 50 g de beurre
- 1 cuil. à soupe de miel
- ½ cuil. à café de levure chimique
- Bicarbonate de soude
- Cannelle en poudre
- Sel

- 1 paquet de Marshmallows
- Crackers
- 1 plaquette de chocolat au lait

Préchauffez le four à 180 °C (th. 6).

Mélangez les farines, la levure, une pincée de bicarbonate de soude, le sucre, une pincée de sel et une pincée de cannelle. Ajoutez le beurre coupé en morceaux et travaillez l'ensemble à la fourchette.

Ajoutez le miel et rassemblez la pâte en une boule homogène. Si besoin, ajoutez un peu d'eau.

Étalez la pâte entre 2 feuilles de papier cuisson sur 5 mm d'épaisseur.

Coupez des carrés de 6 cm de côté environ. Piquez à la fourchette et mettez au four pour 10 minutes. Laissez ensuite refroidir.

Mettez un marshmallow à dorer sur la flamme d'un feu de cheminée, un barbecue ou à l'aide d'un chalumeau, en veillant à ne pas brûler le marshmallow. Dès qu'il devient bien mou, placez-le entre deux crackers avec un morceau de chocolat. Patientez 2 minutes et dégustez.

Sundae sauce caramel

Préparation : 20 minutes · Cuisson : 10 minutes · Difficulté : ★ Budget : ★

Pour 6 personnes

Pour la sauce caramel
- 200 g de sucre
- 50 g de beurre salé
- 20 cl de crème liquide entière

- 1 l de glace à la vanille
- 60 g de cacahuètes concassées grillées
- 6 cerises

Faites fondre à sec (sans eau) le sucre dans une casserole. Quand le caramel est doré, retirez-le du feu et ajoutez le beurre coupé en morceaux.

Faites chauffer la crème, ajoutez-la doucement au caramel en mélangeant constamment et faites mijoter 2 minutes sur feu doux. Si des amas de caramel se forment, remettez le caramel sur feu doux et mélangez jusqu'à ce que la crème devienne homogène et onctueuse. Laissez refroidir.

Remplissez des coupes de glace, nappez de sauce caramel tiède, saupoudrez de cacahuètes grillées, décorez d'une cerise et servez immédiatement.

25¢

Tarte au potiron

Préparation : 40 minutes · Repos : 2 heures · Cuisson : 40 minutes
Difficulté : ★ Budget : ★

Pour 6 personnes

- 300 g de pâte sablée
- 400 g de purée de potiron
- 3 œufs
- 20 cl de crème liquide entière
- 100 g de sirop d'érable
- 60 g de sucre roux
- ½ cuil. à café de sucre de cannelle
- ½ cuil. à café de quatre-épices
- ½ cuil. à café de gingembre en poudre

Préchauffez le four à 180 °C (th. 6).

Foncez un cercle à tarte de 24 cm de diamètre et 2 cm de haut. Piquez le fond de tarte à la fourchette et placez-le au frais 1 heure.

Mélangez tous les ingrédients pour l'appareil au potiron, ajustez le dosage des épices selon vos goûts.

Versez la crème sur le fond de tarte et mettez au four 40 minutes. À la sortie du four, laissez la tarte refroidir puis retirez le moule et placez au frais au minimum 1 heure.

Servez accompagné de crème fouettée.

Vanilla cupcakes

Préparation : 30 minutes · Cuisson : 20 minutes · Difficulté : ★ Budget : ★

Pour 6 personnes

- 60 g de beurre
- 100 g de sucre
- 2 sachets de sucre vanillé
- 1 œuf
- 150 g de farine
- 1 cuil. à café de levure chimique
- 6 cl de lait
- 60 g de pépites de caramel
- Sel

Pour le cream cheese

- 60 g de beurre
- 130 g de fromage frais Philadelphia®
- 1 cuil. à café d'extrait de vanille liquide
- 80 g de sucre glace

Préchauffez le four à 180 °C (th. 6).

Fouettez le beurre pommade avec les sucres jusqu'à l'obtention d'un mélange onctueux. Ajoutez l'œuf puis la farine mélangée à la levure et une pincée de sel, en alternance avec le lait. Mélangez bien. Ajoutez les pépites de caramel.

Remplissez aux deux tiers 6 moules à muffin garnis de caissettes en papier et mettez au four pour 20 minutes. Laissez refroidir sur une grille.

Fouettez le beurre avec le fromage frais. Ajoutez la vanille et le sucre glace petit à petit. Fouettez jusqu'à ce que le mélange devienne homogène et onctueux.

Garnissez les cupcakes de crème à l'aide d'une poche à douille. Laissez reposer au frais.